SYNTHÈSE

PSYCHOLOGIQUE

PAR

Henri FEUILLET-STREIFF

Principium Universum et Principium
mentale Metaphysicum in verbo.

fructum

suum

PARIS

SOCIÉTÉ D'ÉDITIONS SCIENTIFIQUES

PLACE DE L'ÉCOLE DE MÉDECINE

4, Rue Antoine-Dubois, 4

189.

SYNTHÈSE PSYCHOLOGIQUE

Les lois des facultés intellectuelles, sont accessibles au domaine de la géométrie, leurs problèmes étant identiques et leurs symboles communs.

PROLÉGOMÈNES, p. 16.

DU MÊME AUTEUR

SYNTHÈSE
PSYCHOLOGIQUE

PAR

Henri FEUILLET-STREIFF

Principium Universum et Principium
mentale Metaphysicum in verbo.

PARIS
SOCIÉTÉ D'ÉDITIONS SCIENTIFIQUES
PLACE DE L'ÉCOLE DE MÉDECINE
4, Rue Antoine-Dubois, 4

1897

EN TÉMOIGNAGE D'ADMIRATION JE DÉDIE CET OUVRAGE A

MM. Th. RIBOT, H. BEAUNIS ET J. LACHELIER

AVERTISSEMENT

Nous publierons prochainement : *LA PSYCHOLOGIE UNIVERSELLE BASÉE SUR LA SYNTHÈSE.*

Cette synthèse, nous la présentons aujourd'hui au lecteur; qu'il nous soit permis d'en développer la méthode.

Cette méthode, construite sur les bases de la Psychologie objective, est dépourvue, autant qu'il nous a été possible de le juger, de la Méthode comparative de nos prédécesseurs. Quoique nous reconnaissions la logique certaine de ses démonstrations, nous avons cru moins perplexe d'identifier le parallèle géométrique, qui nous dispense de développer par des exemples expérimentaux et synonymiques des solutions qui nous sont données par l'agrégat géométrique.

Cet agrégat, nous le résumerons ainsi :

L'Esprit a conçu la géométrie; la géométrie démontre l'esprit qui l'a conçue.

La psychologie objective est, si nous le voulons, la dissertation sur l'esprit qui a conçu la géométrie.

La psychologie subjective est la dissertation sur la géométrie, conçue par l'esprit.

Dans nos Prolégomènes, nous insistons sur la relativité de la géométrie avec l'Esprit et la matière, ce qui, d'ailleurs, n'a jamais été discuté sévèrement, puisque le parallèle a été mené avec la Métaphysique (1). Nous avons fait et nous sommes servi des problèmes de géométrie et avons — dans le cours de cette synthèse — identifié des problèmes psychologiques spéciaux qui ont été résolus par la géométrie. Nous avons également résolu certains problèmes de géométrie posés pour certains cas psychologiques; il était nécessaire et utile d'en avertir le lecteur pour l'explication intégrale de cette synthèse.

H. F. S.

(1) Voyez l'Étude de M. Georges Noël sur « La Logique de Hegel » Alcan, 1897

PROLÉGOMÈNES

Les faits de conscience, à l'exception
toutefois des « faits volontaires », sont
soumis à des lois analogues à celles qui
régissent le monde extérieur.

J. LACHELIER

(*Psychologie et Métaphysique.*)

L'Univers est, la composition totale des éléments qui nous entourent; et, nous mêmes.

La Métaphysique universelle et le Moi humain sont identiques, issus de composés identiques. Leurs analyses doivent être faites par procédés identiques et communs simultanément.

Axiome : L'Univers et Nous, Nous et l'Univers, sommes l'affirmation d'un composé d'atomes ayant chacun à chacun et chacun pour chacun, des principes, concrets et abstraits, et affirmons nos existences positives et négatives. L'Univers et Nous, sommes cet Axiome.

Logique : Il n'est pas de Mouvement universel qui ne soit identique au mouvement humain.

Éthique : Il ne doit pas être de Mouvement humain qui ne soit identique au Mouvement universel.

Postulat : Le principe métaphysique universel est égal, en rapports, au principe métaphysique mental.

Démonstration

RELATIVITÉ DES EXISTENCES

Les atomes sphéroïdaux qui composent l'univers sont soumis à des lois; ces lois déterminent les diverses volitions de ces atomes en démontrant les leurs propres; la relativité des existences est basée sur cette formule; et de plus, que les volitions atomiques déterminent leurs expressions générales et particulières, par le calcul de leur produit.

La substance organique est inconnaissable.

Ses divers attributs, pris en particulier et réduits à leur plus simple expression, laissent toujours inanalysable le premier principe qui n'agit que par la corrélation des forces agglomérées.

Si nous soumettons l'atome à cet examen, soit par la doctrine des *équivalents* ou la *théorie atomique*, nous admettrons sans difficulté que, par leurs natures, les composés organiques de la substance sont inconnaissables par le fait de l'impossibilité de l'analyse à constater la métaphysique de la substance ou à définir l'Esprit de cette substance, car l'analyse chimique n'opère que sur la sélection d'un de ces deux principes : l'esprit et la matière, qui sont communs, agissant communément et, par conséquent, demandant analyse commune, d'où chimie et physique.

De par la collaboration de ces deux sciences, l'une matérielle et l'autre spirituelle, la matière se fait indestructible par le fait de son inconnaissance.

L'Expression première de la substance, autant que sa nature, en dépit de la physique et de la chimie, sont incompréhensibles particulièrement, car le dogme s'étend de l'attribut aux attributs, et réciproquement.

Nous dirons donc que la Matière constitutionnelle du Monde est régie par une conscience qui naît de cette matière.

CAUSALITÉS COMMUNES

La cause est commune entre la volition d'un astre, l'effort de l'action humaine ou la croissance d'un végétal.

L'induction que nous pouvons tirer de cette affirmation n'est que la déduction du principe premier relatif au transformisme de la matière.

Une cause n'aboutit que par deux effets communs.

L'extériorisation d'une cause est l'attribut de la géométrie et son calcul est celui de la physique.

Toutes les existences sont donc relatives, comme toutes communes sont les causalités.

Les espèces prises dans l'Élément universel ne sont que des particules sectaires de cet Élément, ayant un principe général qui est le dogme, et un attribut particulier qui est l'expression; l'espèce humaine en est un dérivé; la coexistence de ces attributs est le principe de relativité et de causalité communes au transformisme.

Chercher une origine à l'espèce, c'est lui vouloir une formule qui n'existe pas dans le problème universel des éléments solidaires.

Le transformisme fictif a une cause que l'origine n'a pas. L'origine ne peut avoir de cause.

Par conséquent, toutes les causes sont communes, car, aucune d'elles n'est originelle, toutes subissent et inscrivent le même dogme ; certaines sont fictives, tel le transformisme du principe mental humain ou le transformisme du principe métaphysique universel suivant l'action organique.

Les deux causes produisant un effet sont l'action et la contre-action.

MORPHOLOGIE ET MOUVEMENTS

Les végétaux sont des agglomérations d'atomes ayant pour principe premier : la métaphysique.

Ces atomes co-existant par les lois *actionnistes* de la végétation, produisent un mouvement générateur de leur évolution.

La coordination de ces principes ou de ces divers états d'existence produit elle-même le quantitatif concret et abstrait de la matière végétale dont l'analyse spécifique du mouvement peut se transcrire par la géométrie.

Si, du principe végétal, nous passons au principe cosmique, nous remarquons après étude que ces principes ont leurs fondements relatifs tant pour leur morphologie que pour les mouvements de ces différentes particules.

Le principe de gravitation des trois planètes libérales, le Soleil, la Terre, la Lune, peuvent s'inscrire à leur état positif par cette formule :

$$S = \frac{\cdots}{o\ o\ o} = z$$
$$T = \frac{o\ o\ o}{o\ o\ o} = \gamma$$
$$L = \frac{o\ o\ o}{o\ o\ o} = \omega$$

$$= \frac{z \quad \gamma + \omega}{S + T + L}$$

Si nous rapprochons le signe ——— (inductible de S T L) à O, ou formule analytique du végétal, nous aurons un état positif concret pour S T L et abstrait pour O : résultat, non d'une existence relative entre le cosmos et son produit arbitraire, le végétal, mais d'un coefficient qui se perpétue du végétal au minéral, autrement dit à la matière astrale.

Un minéral est composé d'une agglomération d'atomes ayant pour principes et la relativité des formes et le coefficient chimique.

Toutes ces formes sont sphériques, comme sont homogènes et quantitatifs tous les coefficients.

La relativité du principe des existences cosmiques, végétales et minérales, inscrit également, et sous tous leurs rapports, les principes de physiologie humaine.

« La forme des organismes n'est pas moins variable; sphé-

» riques ou sphéroïdaux à l'origine, ils se modifient peu à
» peu jusqu'à ce qu'ils aient atteint le type morphologique qui
» caractérise les groupes auxquels ils appartiennent; c'est ainsi
» que cette forme sphérique devient radiée, bi-latérale, spi-
» roïde, etc. » (H. BEAUNIS.)

L'action organique produit et modifie les formes; l'évolution les complète.

Si nous admettons que la matière, à son origine, est un
sphéroïde, nous devons également constater qu'elle se modifie
au gré de l'action, se détruit ou s'exploite au gré de l'évolution.

Les principes physiologiques deviennent, de par leurs com-
binaisons artificielles, des coefficients administratifs que le protoplasma nous explique.

Si nous cherchons le problème des résultats fonctionnaires
ou actions originelles, nous arrivons sans difficulté à recon-
naître que ces sensations s'inscrivent par induction géométrique.

Le son est l'expression de l'évolution atomique, dont le
mouvement, exprimé par cette dernière, se perçoit par l'organe
après son action géométrique externe. La perception du son
est une réflexion de l'externe à l'interne.

La vue est le résultat d'une action arbitraire de l'organe en
contact du protoplasma de l'existence. L'action visuelle, réduite
à sa plus simple expression, n'est qu'un artifice géométrique.

L'odorat est le résultat d'une action arbitraire de l'organe
allant de la sensation atomique externe à la combinaison organique interne ou résultat de la contrariété des coefficients atomiques dont l'odorat n'est que le symbole.

Ces résultats, fonctionnaires de la physiologie fonctionnelle à
l'instant où ils nous parviennent, s'inscrivent en nous mentalement par synthèse géométrique.

Soit « 'A B' » ou graphique de la sensation cardiaque à posteriori prise sur le principe du mécanisme de la circulation
du sang.

Si, comme l'expérience l'a démontré, le principe d'hydrody-

namique est le premier contributeur de la circulation du sang,
le mouvement rythmique de la circulation est assurément une
cause descriptible par la théorie relative aux lois de la pesanteur.

Mais, pour que ce rythme soit perpétuel, la génèse de ce
rythme est un mouvement produit par la respiration.

La circulation du sang est perpétuelle et rythmique avec
la respiration, leurs actes sont communs et leurs produits équivalents.

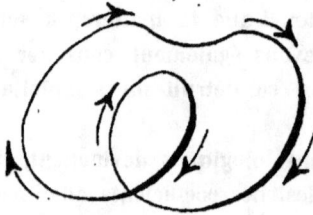

Fig. 1. — Graphique du mouvement sensitif.

Fig. 2. — Développement graphique du mouvement sensitif.

La synthèse que l'on peut établir sur le problème de la circulation rythmique peut ainsi se résoudre (quoique les données
de la composition gazeuse du sang soient et seront toujours très
vagues en ce sens que l'expérience n'exerce que sur quelques
organes en général et n'affirme rien que de particulier).

D'après les chiffres donnés par Urbain et Mathieu, le sang
contient environ pour 100 volumes : 72 de gaz décomposables
en 20 d'oxygène, 50 d'acide carbonique et 2 d'azote.

Si nous analysons l'air inspiré, nous y trouvons toujours,
pour 100 volumes, 20,8 d'oxygène, 79,2 d'azote et 0,0005 d'acide
carbonique, plus de la vapeur d'eau.

L'analyse de l'air expiré nous donne 15,4 d'oxygène, 79,3
d'azote et 4,3 d'acide carbonique (1).

Si nous établissons la soustraction de l'inspiration à l'expi-
ration, la solution de cette opération nous indique qu'il reste

(1) D'après Beaunis, Nouveaux éléments de physiologie humaine. 1876.

à l'organe 5,4 d'oxygène, 0,1 d'azote et 4,2995 d'acide carbonique.

Soustrayons donc ces résultats aux chiffres quantitatifs
donnés pour la composition gazeuse du sang et nous aurons :
14,6 d'oxygène, 1,9 d'azote et 45,7005 d'acide carbonique.

Nous tirons de ces calculs que la composition gazeuse, ayant
100 pour degré quantitatif, propose ces volumes derniers :

1° Que l'acide carbonique est l'attribut conservateur et insti-
gateur du mouvement ;

2° Que c'est l'oxygène qui fournit le principe de locomotion ;
la collaboration de ces attributs produit la circumlocution, dont
le rythme est le triangulaire et que le principe local organique
accélère ou rétrograde.

Les sensations cardiaques internes et réflexes sont les quotients des arrêts du mouvement sensible ou combinaison de
l'électro-circumlocution animale avec la dynamique universelle
de circumpsychose (ou lois des rotations uniformes et équivalentes des éléments sur l'organisme, ayant pour dynamique
possessive la sensation).

Le problème des sensations est donc graphiquement descriptible par cette formule (fig. 1); par conséquent : raliation
intégrale des parcours de la sensation et de la locomotion, et
réciproquement.

Une sensation est équivalente au calcul de sa production.

Le calcul de sa production est équivalent à son calcul de
locomotion.

La locomotion et la sensation étant égales, leurs rapports
sont équivalents.

La sensation mettra donc autant de temps à parvenir à
l'organe récepteur que la circulation mettra de temps à lui
faire parvenir.

LES PROBLÈMES DE L'ENTENDEMENT

L'entendement est l'aire de la Conscience.

Si nous rapprochons cette expression psychologique de celle

relative à la Cosmologie, nous constatons que l'entendement universel n'est que la métaphysique.

Par conséquent, parallèlement à cette dernière proposition, nous dirons que l'entendement est l'aire métaphysique de la Conscience.

La Conscience est l'affirmation de l'entendement.

L'Univers est l'affirmation de la Métaphysique.

La Conscience est l'état concret et abstrait d'une affirmation soit cosmogonique, soit psychologique; elle borne et limite *a priori*, mais *a posteriori* elle est conception métaphysique et entité mentale; elle n'a d'autre graphique qu'un cercle.

L'Idée est le reliquat positif de l'action métaphysique produite par l'organe individuel.

De même que pour la Cosmologie, prise *a priori*, elle est métaphysique; elle passe, dans sa marche, de l'abstrait au concret.

Sans Idée, il n'est point de Conscience.

C'est à l'affirmation de l'idée qu'est la conception de la conscience et, par induction, de la Raison.

L'Idée seule, ayant pour guide et conducteur la volonté, à sa conception engendre la Raison, en exprimant à son affirmation la Conscience.

La Conscience et la Raison sont la circonférence et le centre d'un cercle dont l'infini est la limite.

Le substratum universel est le coefficient métaphysique de l'évolution empirique au même degré qu'il est la parenthèse évidente du Principe universel, conduite et résolue par la métaphysique et la géométrie, dont Sphère et Courbe infinies sont les expressions symboliques.

ISOMÉTRIE

Tous les corps constituant les organes sont semblables.

Donc, tous les mouvements sont semblables, comme le sont toutes les actions et les sensations.

Par conséquent, toutes les existences ont une relativité, une causalité, communes, une morphologie et un entendement identiques.

Décrire une de ces existences soit cosmique, végétale ou animale, c'est édifier un parallèle entre les autres existences puisqu'elles sont relatives.

Si, du problème des existences nous retirons le problème de l'entendement, nous aurons comme solution, que la matière organique constituant l'homme est égale en rapports à la matière constituant un astre ou un minéral quelconque.

Si nous rapprochons l'entendement universel de l'entendement humain, nous verrons que leurs rapports sont semblables, que le principe métaphysique universel est égal au principe métaphysique mental; leurs dérivés communs et leurs coefficients semblables, ce que le principe universel dirige, le principe mental le conduit.

Nous ferons de cette affirmation un calcul arbitraire dont voici l'exposé :

Le principe mental humain, s'il est supérieurement quantitatif au principe mental animal, c'est que ce principe animal n'est qu'un participe au calcul intégral du principe universel.

Exemple : Le principe mental humain étant égal à 100 ou unités quantitatives, le principe mental animal sera égal à 50 unités quantitatives du principe mental humain, le végétal à 30, le minéral à 15 et le gazeux à 5.

La réunion de ces quotients nous donne 100 de part et d'autre.

Le principe mental humain est égal au principe mental animal + le principe mental végétal, + le principe mental minéral + le principe mental gazeux (1).

Le principe mental est l'affirmation des constituants organiques internes et des corrélations externes exprimés sur le sens par la métaphysique, et sur la fonction par le principe universel.

(1) Ce calcul du principe mental humain est celui établi sur le Moi de l'homme dépourvu des préjugés arbitraires ou adaptations des influences spirituelles et problématiques

L'isométrie mentale relative entre l'homme et le composé universel fait que l'homme est une quantité relative à l'univers, par conséquent, analysable avec lui, n'étant jamais séparé de ses principes qu'à son anéantissement spirituel.

DÉVELOPPEMENT GÉNÉRAL

« En poursuivant l'étude analytique des principes immédiats, » ou reconnaît non sans étonnement que la connaissance de la » composition d'un principe et celle de son équivalent ne suffi- » sent point pour le définir. » (M. Berthelot).

Dans les pages qui précèdent cet énoncé, nous avons décrit la composition du principe et de son équivalent, les lignes qui vont suivre ce chapitre tenteront donc de le définir.

L'analyse que nous faisons du principe universel et de son équivalent, le principe mental est à tous points donnés celle de la géométrie (1).

Les lois des facultés intellectuelles sont accessibles au domaine de la géométrie, leurs problèmes étant identiques et leurs symboles communs.

---

(1) Nous eussions désiré pour expliquer clairement notre pensée et doter cette expression d'une juxtaposition légale, lui donner pour nom : la psychométrie, mais, telle qu'elle se trouve employée dans les œuvres philosophiques en général et dans l'école expérimentale en particulier, nous avons cru plus simple de lui laisser, quant à présent, son étymologie directe.

ALLÉGOMÈNES

« ... L'évolution morale de l'a pensée
fait naître, d'une manière inévitable, la
conscience (aussi difficile à exprimer
qu'à détruire) d'une existence hors des
limites de la conscience, qui est perpétuellement symbolisée par quelque
chose enfermé dans ces limites........ »

HERBERT SPENCER
(*Principes de Psychologie.*)
(Traduction Ribot et Espinas.)

Équivalences métaphysiques

PROBLÈME

De même que la géométrie est la science ayant pour but
et la mesure de l'étendue des figures et l'étude de leurs pro-
priétés, de même la psychologie a pour but d'analyser les
idées produites par l'expression d'un organisme et d'étudier les
facultés spirituelles de cet organisme.

La corrélation de ces deux sciences est l'affirmation métaphysique du Principe mental.

DÉFINITION

A — « La circonférence du cercle est une ligne courbe dont
tous les points sont également distants d'un point inté-
rieur qu'on appelle centre. »

A' — « Les facultés intellectuelles sont limitées dans un cercle
par une circonférence ou Conscience, qui est dans tous

Feuillet-Streiff. — 2.

ses points également distant du point central appelé Raison. »

B — « Le cercle est la portion de plan terminée par cette ligne courbe. »

B' — « Le cercle est l'Intelligence terminée par la Conscience. »

Les lois géométriques du cercle sont identiques aux lois de la psychologie ayant leurs procédés communs.

SOLUTION

Il ne peut y avoir de cercle qui n'ait un centre.

Il ne peut y avoir de circonférence qui n'ait un diamètre.

Il ne peut y avoir de centre sans cercle ni de diamètre sans circonférence.

Le centre n'apporte rien au cercle.

Le diamètre apporte à la circonférence puisqu'il la détermine.

La circonférence termine le cercle qui la détermine.

Il ne peut y avoir d'Intelligence qui n'ait une Raison ;

Il ne peut y avoir de Conscience qui n'ait une Idée ;

Il ne peut y avoir de Raison sans Intelligence ni d'Idée sans Conscience.

La Raison n'apporte rien à l'intelligence.

L'Idée apporte à la Conscience puisqu'elle la détermine ;

La Conscience termine l'Intelligence qui la détermine.

DÉMONSTRATIONS

Le cercle mental est la représentation des facultés intellectuelles limitées par la conscience.

La Raison est le centre des facultés.

L'Idée est le diamètre des facultés, son point de départ est sur la Conscience, elle passe par la Raison et réfléchie, se trouve sur un autre point de la Conscience ; le résultat de cette idée est : l'action.

La Volonté est l'effort mental *a priori* qui fait produire de l'Idée, l'action a *fortiori* et le Mouvement à *posteriori*.

Toute idée a un but, le point de départ de l'Idée et le but (points extrêmes), sont communs au même terme que le diamètre d'un cercle à ses points opposés sur la circonférence et communs.

La Réflexion n'est, pourrions-nous dire, qu'une particule de l'Idée parce qu'elle n'a pas de résultat propre à elle-même.

La réflexion touche deux points identiques et communs, elle est le rayon du cercle, elle est dépendante de la Conscience et de la Raison conduite par la Volonté qui aide l'Idée à s'exprimer mentalement et *a priori*.

La Réflexion produit l'Idée par la Volonté et son accès à la Raison.

CHAPITRE 1er

L'Idée

Ses inductions générales

L'Idée n'est *a priori* que l'expression fortuite de l'organisme sur les facultés. Ses développements ne s'opèrent qu'arbitrairement par la Volonté conduisant vers la raison qui logifie, et l'action qui détermine.

Toutes les réflexions sont égales entre elles.

Toutes les idées sont égales et doubles en valeur des réflexions (1).

En vertu de la définition du cercle, tous les rayons sont égaux, tous les diamètres sont égaux et doubles du rayon.

Si nous prenons une Réflexion en l'analysant pour son propre rapport nous verrons qu'elle est positivement neutre, mais pour sa production, la Réflexion engendre la Raison par la Volonté (2).

Elevons, théoriquement, la Réflexion au-dessus de son rapport, soit à sa combinaison première, nous verrons que la Réflexion incite à la Raison ce qui diffère, ce n'est plus la Réflexion qui impose, mais la Raison qui combine l'effet que l'Idée totalement va produire.

Parallèlement au principe géométrique, si nous disions

---

(1) On trouvera dans le corps de cette synthèse la définition géométrique des Réflexions.

(2) Pour plus grande clarté dans les définitions, nous avons exposé dans le tableau placé à la fin de ce volume, le parcours intégral de l'Idée et ses inductions particulières.

(Fig. 3), que I' R = Reflexe, que R = Raison, que R I' = Réflexion, nous aurons :

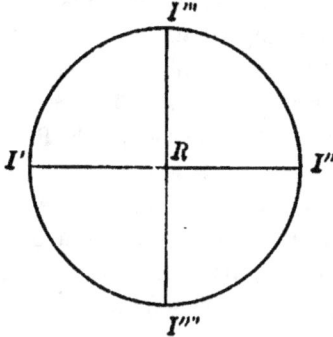

Fig. 3.

$$I' R + R \; I'' = \text{action.}$$
$$I' R = R I' \quad I''' R = R I' \quad I'' I'' = I'' I'''$$

Donc, toutes les réflexions son égales entre elles.

Toutes les idées sont égales entre elles et doubles en valeur des réflexions.

C. Q. F. D.

Puisque nous reconnaissons que toutes les réflexions et les idées sont égales entre elles, nous pouvons expérimentalement exprimer que le parcours des Idées dans l'Intelligence sont semblables et leurs actions équivalentes chacunes à chacunes.

Le fondement d'une idée amène à une action concrète; l'extension de cette même idée incite à l'action abstraite.

Dans l'Intelligence, plusieurs idées fondées peuvent avoir des rapports logiques tant qu'elles s'arrêtent sur la conscience. Une idée peut amener une autre idée d'égale valeur, de même qu'elle peut n'amener qu'une réflexion au même sens que l'on ne peut mener plusieurs diamètres à un cercle et plusieurs rayons que simultanément.

Deux idées, deux prémisses ou deux réflexions ne peuvent se former immédiatement et ensemble, communes et logiques dans l'esprit, par conséquent, passer par la Raison ; l'on ne peut mener deux diamètres communs à un cercle et ensemble, non plus que deux rayons.

Toutes les idées ne sont pas accessibles à la Raison non plus
qu'à la Conscience

Pour définir et le fondement de cette phrase et son application géométrique, il importe de bien savoir ce que nous enten-
dons par « les Idées inaccessibles à la Raison et à la Conscience.»

D'autre part, nous avons dit : l'idée Simple et logique prend
départ sur la Conscience passant par la Raison et réfléchie, se
trouve sur un autre point de la Conscience, le résultat de cette
idée est l'action. Il nous faut comprendre que l'Idée est elle-
même le résultat d'une action qui tend à déprimer cette action
au profit d'une autre action ; la première est la sensation, la
seconde le mouvement. (Ailleurs, nous traiterons plus longuement ces actions.)

Nous voyons que l'idée elle-même n'est qu'un mécanisme
actionniste ; elle est le précurseur d'un déplacement que com-
mande la sensation, que l'Idée résout et que le mouvement
termine.

Il importe de s'arrêter à cette démonstration pour la compréhension de cet exposé.

Toutes les sensations ne sont pas assez puissantes pour
produire chez l'homme une réflexion engendrant une Idée
logique indépendamment de sa Raison, mais seulement pour
frapper sa conscience de même que pour pénétrer vers sa
raison. Mais n'est-il point de ces réflexions que l'être « tire de
sa propre conscience » et que la solution d'une idée, loin
d'être l'action, se trouve dépendante? Oui. Mais qu'est-ce que
la contre-action? N'a-t-elle pas pour essence première l'action
dont la contre-action n'est qu'un dérivé?

Une sensation, la vue par exemple, est le résultat d'une
action première ou d'une contre-action ; l'enfant, ouvrant les
yeux pour la première fois, voit-il et conçoit-il les objets?
Non ; pourtant, son organe visuel est absolument semblable au
nôtre ; pourquoi ne voit-il pas? Les images sont les mêmes
comme pour nous. Voilà où intervient la loi de la contre-
action ; c'est que l'enfant, quoique la conformation physio-

logique de ses organes lui permette, un effet seul lui refuse;
c'est la contre-action sensible du *nerf graphique*.

Los rayons lumineux qui sont les plus irritants de la sensation visuelle interviennent les premiers et frappent décisi-
vement le nerf graphique. La réfraction de l'image sur le nerf
graphique produit la compréhension de cette image; un objet
que l'on reconnaît ne se reconnaît que parce qu'il a été vu
et a été inscrit sur le nerf graphique. De là dérivent, par cet
exemple, toutes les sensations.

La mémoire n'est que la faculté consistant au classement
et au rappel des sensations sur l'organe. La mémoire de la
sensation est, croyons-nous, le plus sûr titre *a priori* de cette
faculté.

« La Mémoire n'est donc pas la reproduction d'une sensation, mais la reproduction d'un groupe complexe d'état de
conscience ayant pour objet la connaissance d'un objet extérieur (1). »

Dès lors, les idées inaccessibles à la Raison sont celles qui
se résolvent immédiatement par la sensation au détriment de
l'action abstraite.

Les idées inaccessibles à la conscience sont celles qui, sans
réflexion, sont ordonnées par les sens externes et résolues par
les facultés internes en condamnant l'action concrète.

Nous allons définir ce théorème psychologique par une
application des tangentes et sécantes de Legendre.

Nous prenons d'abord l'idée inaccessible à la Raison.

On appelle en général tangente à une courbe, la limite des
positions que prend une sécante A B fig. 4, qui tourne autour
d'un point A de la courbe jusqu'à ce qu'un second point de
section vienne se confondre avec la première.

Nous avons par conséquent, la tangente A B ou Idée-force
qui, de sécante A B par sa révolution autour du point A, se
fait tangente A b par le principe du rapport immédiat de la
sentation première et la réflexion.

(1) A. Binet. Introduction à la Psychologie expérimentale. Alcan. 1891.

L'Idée-force est la tangente (A b) à une circonférence (la conscience) qui, dans sa révolution (ou induction de la sensation) passe par le centre du cercle (ou Raison). Cette tangente (ou Idée-force) en passant par le centre (ou Raison) du cercle (ou facultés) forme diamètre (ou Idée) et sécante (Résultat du rapport immédiat de la sensation première et la réflexion).

La réflexion interne de la sensation-force, dirons-nous, est inscrite dans les facultés lors de la connexion de l'Idée-force et de la Raison, ou mouvement rotatif de la sécante A B se faisant tangente A b.

La rotation de A B en A B' A B'' vers A b n'est que la prémisse évolutive d'une contre-action à sa force réfléchie et coordonnée.

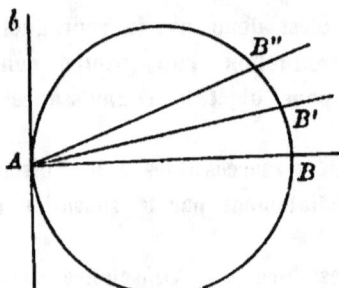

Fig. 1.

Nous venons de démontrer géométriquement les rapports que peut avoir l'Idée inaccessible à la Raison, par parenthèse avec l'Idée-force; nous allons prendre un autre cas d'idée.

Nous n'avons encore analysé que l'Idée issue des besoins commandés par l'organisme aux facultés, nous allons prendre le résultat psychique et positif d'un événement cérébral, seul commandé et imposé par les facultés intellectuelles; ce résultat est l'Idéopathie.

Tout d'abord, nous allons poser quelques problèmes sur ce transformisme de l'Idée.

L'Idéopathie est-elle une métamorphose de logique? Est-elle force, cause ou résultat?

Nous savons tout d'abord qu'elle est connexible de la · métaphysique et dépendante du sens commun.

Procédant à l'induction de la métamorphose, la normale évolutive de la Pensée est l'expression libérée (1) des actions psychiques.

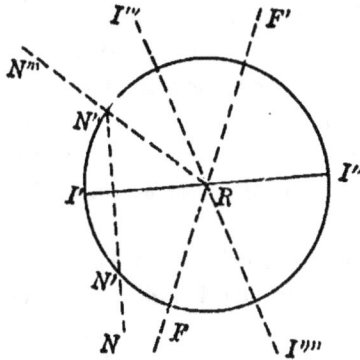

Fig. 5.

ɪ.·· points I'' ' II'' '' (fig. 5) pris en dehors des facultés (cercle pour le cas dénommé sens commun), ces points sont, à leurs positions respectives, des prémisses évolutives, s'étant trouvées rejetées — dirons-nous — du sens commun que seule la normale I' I'' retient. I''' I'''' n'est donc pas la représentation graphique de l'Idée; elle n'en est que la réflexion négative; N'''' N'' R en est la réfraction : N''' N'' N le postulat abstrait ou Métamorphose. Or par le théorème géométrique, N'' ' N'' N' N est une métamorphose de Logique, mais ce postulat n'est qu'un noumène idéopathe.

Examinons par déduction l'action de l'Idée au noumène idéopathe. Soit (fig. 5) I''' I'''' (ou réflexion négative), ligne partageant le cercle. Pour que cette ligne soit médiane au cercle, il faut qu'elle passe par R ou centre et perpendiculai-

(1) Le libéralisme d'une expression e.· · lle expression dépourvue de son arbitre. L'arbitre d'une expression est : so. ʳa ɔnnement quantitatif.

Le calcul arbitraire de la Pensée est : la :Ⅎ ·ʳmale; la corrélation du calcul eᵗ ·e la Normale produit l'expression libérale; puis, avec la Normale seule, cette expression devient évolutive.

rement à l'"". Ayant été médiane, elle a formé deux rayons et un diamètre de circonférence. Ayant formé diamètre de cir- conférence, sa rotation partielle (I"' R, RF ou N"' R, RF') autour du point R nous représentera facilement l'action de l'Idée ou noumène idéopathe.

L'affirmation d'un noumène idéopathe est autant prémisse d'abstraction mentale que d'évolution normale. Géométrique- ment, N"' N" N' N (fig. 5) (ou réflexion négative) n'est qu'un postulat établi conventionnellement. Le noumène idéopathe seul et *a posteriori* est un effet de l'Idée, une cause de la sensa- tion, résultat d'un évolutionnisme partiel, par conséquent effet forcé de l'Idéopathie ou phase évolutive de l'Idée sur le sens commun.

Il y a loin de l'Idéopathie à la Folie : l'idéopathie étant, dirons-nous, la complication de l'Idée, produite par la puissance de la pensée sur l'organe; la folie étant, au contraire, — a dit Esquirol — l'aberration des facultés. Il y a donc : d'une part, élévation, et, d'autre part, abaissement ou dépossession. La folie n'est qu'un effet de réaction soit générique soit spontanée. « Une réaction est d'autant plus régulière qu'elle est plus courte. » (A. Binet et Victor Henri).

La psychopathie en général et la pathopsychie en particulier ne sont que des résultats : la première des phénomènes action- nistes de l'Idée à son développement supérieur, la seconde à l'altération physiologique de l'organe, — toutes deux produc- trices de la dépression économique des facultés.

RÉSUMÉ DU CHAPITRE PREMIER

Ayant conservé, dans les parties qui précèdent ces dévelop- pements, notre effort de Synthèse, nous avons, dans le chapitre qui va suivre, donné plus libre cours à l'analyse objective de l'Idée. Nous croyons utile d'informer le lecteur que c'est à l'analyse spécifique qu'il devra le plus s'attacher pour opérer la relation de synthèse générale que nous venons d'exprimer.

CHAPITRE II

Analyse Spécifique

Symétrie

La symétrie géométrique est la création d'un plan où s'inscrivent des lignes identiques par procédés connus. « Tout objet » qui a un plan de symétrie, placé devant une glace, a une » image qui lui est rigoureusement identique ; l'image pourrait » se superposer à la réalité. »

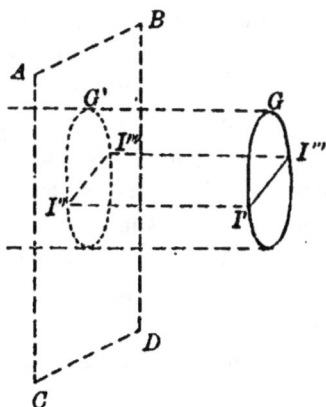

Fig. 6.

Nous savons que par la réflexion tout objet a une symétrie. Il n'en est pas de même d'un plan qui ne fait que partager un objet. Tel que nous l'avons institué, prenons notre cercle avec ses *composés psychométriques*; nous allons relever des équations et des inductions évidentes.

La symétrie n'est que globale; c'est l'objet enfermé dans ses limites (que nous instituons) par la réunion de ses composés; la déduction nous avise au parallèle.

La symétrie est le ressort de la géométrie; son calcul, ainsi que tous les nombres, est infini, arbitraire et convenu; ses bases reposent sur cet infini, d'où la réflexion dérive.

Soit (fig. 6) un plan ABCD réflecteur d'un codicille G réfléchi en G'. Ne pourrions-nous pas admettre que le point G par G' se trouve infini, ainsi que les points I' par I" et I'" par I'"". Le cercle G' par G lui-même est infini par réflexion.

Dans le Ier chapitre, nos bases ont été prises sur des quantités positives pour nos affirmations; ici, nous prenons des absolus négatifs pour définir nos analyses *a priori* admises comme principes.

L'organe de psychologie morbide — ou conscience et ses phénomènes — trouve par conséquent, par principe de métronomie, sa réflexion.

L'Infini est la loi du calcul, de la mathématique et de la géométrie, aussi bien que du rapport psychique. La perception extérieure d'un phénomène est, de par ces lois, absolument infinie; nous ne la concevons que par des bornes ou des limites que nous apposons pour la résolution des analyses. La sélection des systèmes est un fait propre à la synthèse des réflexions, et c'est avec ces analogies que l'empirisme est admis et constitué par l'évidence et la métamorphose d'un phénomène. (Les normes subjectives sont des appréciations *a posteriori* d'une synthèse.)

Puisque tous les calculs ne sont que des amplifications arbitraires au logisme et que toutes les lois de la réflexion sont infinies, la réflexion est infinie, l'image réfléchie est infinie.

Un fait que nous dénommerons de conscience est infini par les lois de réflexion.

Une perception extérieure, soit le point R"" (fig. 7) avant d'arriver nettement en Idée I, passera et se transformera en R'",

R" R' R et 'R, puis l; ces volitions successives ont fait naître, des plans de réfraction, infinis dans leurs limites A"B"C'D", A'B'C D' ABCD, ces plans similaires dans leurs rapports ne sont qu'arbitraires pour la constitution de la métamorphose empirique et démonstrative de la terminaison d'une idée qui est une action. La subordination d'un fait à une action est, de premier abord, logique quand il est seul, et illogique quand il est poussé par une volonté étrangère agissant non par elle même mais par empirisme secondaire. La réfraction de la subjection, est l'idée; et la réfraction de l'idée, est l'action.

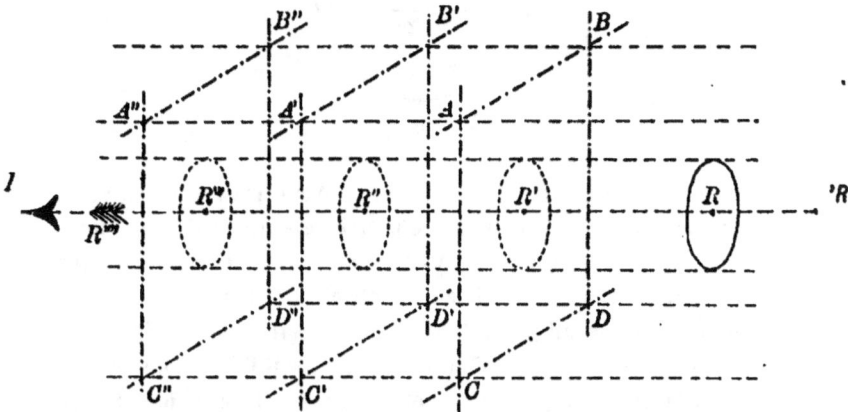

Fig. 7.

Le problème direct de la perception extérieure, soit de I en R"'" et non de R"'" en I, est donc surnaturel et n'existe pas. Les corps étrangers à la réflexion s'éliminent de la réflexion par le fait simple d'une métaphysique intransigeante.

Un esprit logique est celui qui fait naître d'une manière uniforme et coordonnée toutes les actions par un même principe établi sur les bases de son propre logisme.

Les variations spirituelles quelconques issues de principes étrangers ou influences externes doivent-elles entraîner irrémédiablement un esprit complet vers une conception nouvelle ?

Une influence abstraite peut-elle entraîner à un principe négatif ?

Telle est la déduction d'un théorème psychologique que nous allons résoudre par un principe de géométrie.

Fig. 8. Soit P centre des facultés positives ou l'Esprit à l'ins-

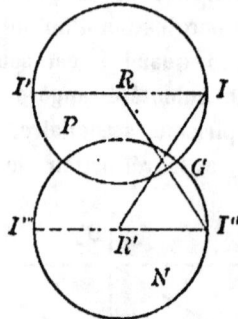

Fig. 8.

tant où nous le relatons, IRI', l'Idée. Nous savons qu'en vertu d'un théorème que « tout côté d'un triangle est égal à un autre triangle lorsque les angles de ce dernier lui sont opposés et que leurs angles sont égaux chacun à chacun. » Par conséquent, si nous établissons un point G quelconque sur la circonférence et que nous réunissons indéfiniment R à G, soit RGI", nous aurons une idée (par ce principe) s'affirmant sur le premier état de conscience passant par la Raison et par état second et concret, un retour d'idée de la Raison vers la conscience à l'au-delà sans effet, soit IR RG GI".

Nous allons démontrer l'induction psychologique de cette volition.

Soit une idée s'établissant *a priori* sur la conscience, son induction passe par la raison, mais, par un effet arbitraire, concret, se trouve rejetée de la raison vers la conscience G; G et I sont également pourvus d'une induction différente, à savoir que I est le point récepteur premier et G le point détracteur second. L'Idée, continuant sa route en I', se trouve toujours dans l'entendement, mais non sur la conscience, et le point I' peut être le récepteur premier d'une idée, mais qui n'aura plus la même induction que lorsqu'elle était en I; le fait de toute cette déduction pourrait s'appeler géométriquement « coordination des triangles entre eux » et psychologiquement « Idées fausses »; par conséquent, le fait accompli par l'Idée de I en RG et I" provient d'une fausse idée *a priori*. A *posteriori*, l'Idée I", par les lois de ses dérivés, entremettra une autre résolution, et de la formation d'un autre ordre d'esprit, naîtra un autre ordre de compréhension, et le cercle des facultés nouvellement établi se trouvera, par le fait de la nouvelle idée, négatif au premier acquit dénommé positif (les cercles et les modes psychologiques, quoique de même valeur, sont arbitrairement contraires par leurs entités).

« La pensée est une force qui se manifeste au dehors par des mouvements (1). »

« La mémoire est, par essence, un fait biologique; par accident, un fait psychologique (2). »

Si nous acceptons l'inscription d'un fait sur un organe, devons-nous admettre le positivisme de cette inscription arbitraire et son fondement intégral sur cet organe?

Une passion chez un individu ne s'inscrit qu'*a priori* sur un organe, et, si l'on a remarqué par l'expérience que telle passion avait sa place marquée sur une partie coefficiente du cerveau, ne s'ensuit-il pas que ce n'est pas à cette sensation que revient l'entité inscriptive, mais bien à l'organe pathogénié?

Le récepteur organique d'un contact reçoit d'une influence extérieure un fait qu'il inscrit par le fait seul de réceptivité, mais ce récepteur, si, par les réactions successives et les sensations qu'il imprime, se développe, s'ensuit-il à dire que c'est par le fait seul de son organisme? il est certain qu'il n'est que réflecteur incisif et, par la sensibilité de son essence,

(1) B. Ball. Leçons sur les maladies mentales; 1 volume. 1890. Paris.
(2) Th. Ribot. Les maladies de la mémoire. Alcan. 1893.

impuissant à recevoir seul un contact répété inflammant les
proéminences des organes récepteurs des sensations. Sans pour
cela vouloir rejeter les qualifications des travaux de Lombroso
dans ses « Recherches ». Lombroso prouve Gall par la statis-
tique. « Il est presque impossible, en effet, de se livrer à un
examen un peu attentif de l'organologie et de la crânioscopie,
de la nature de leurs preuves et de celles de leurs applica-
tions, sans se demander bientôt si c'est de la science que Gall
a voulu faire et si c'est de la science qu'on lit (1). »

La métaphysique ne s'inscrit pas sur un organe; elle sert
cet organe, et la mémoire, non plus que tous autres *états de
conscience*, ne peuvent s'inscrire même *a priori* sur un coefficient physiologique.

Si certain cerveaux ont plus d'états de conscience marqués,
c'est que l'organe récepteur est plus sensible à la réceptivité,
ces états souvent réfractés, les pathogénisent; c'est l'inscription
métaphysique d'une sensation adverse sur un organisme pure-
ment rationnel qui rend leurs entités évidentes, de connexion.

Spencer a dit : « De la coexistence universelle des forces
d'attraction et de répulsion, il résulte certaines lois de direction de tous les mouvements. » (1).

En effet, nous savons que le mouvement par lui-même et
pris seul, n'existe pas; ce sont deux forces, l'une positive et
l'autre négative qui le produisent en faisant naître « les lois de
direction ».

La mémoire n'est qu'une lumière éphémère de l'esprit produite par un fait biologique et un fait psychologique, elle se
rapporte à l'un et l'autre de ces faits sans appartenir à aucun.

La mémoire universelle existe par le fait de la pression de
deux forces contraires qui, en s'engendrant, font naître une loi
conductrice des éléments.

Ne sommes-nous pas conduit à dire que la mémoire est une
métaphysique, voire même la métaphysique elle-même.

(1) F. Lelut. Rejet de l'organologie phrénologique de Gall. Paris. 1834.
(2) H. Spencer. Les premiers principes. Paris 1874, Germer Baillière.

La Raison pure n'est rien dans l'intelligence, elle n'est qu'un point d'appui et de base ; elle est produite par l'Idée, puis sert à la conduite de cette dernière par suite de sa formation vers la logique.

Tout cercle a un centre et n'en a qu'un.

Toute conscience a une Raison et n'en a qu'une qui dirige l'Idée.

De même qu'il ne peut se produire qu'une idée à la fois dans l'Intelligence.

De deux points pris en dehors d'une circonférence, on ne peut faire passer plusieurs lignes ensemble par le centre du cercle.

Il est évident des points A B (fig. 9), on ne pourra substituer à égal temps A" B" ; ces deux lignes, l'une A B ne pourront ensemble passer par le point commun C. Deux idées ne peuvent ensemble prendre naissance dans les facultés.

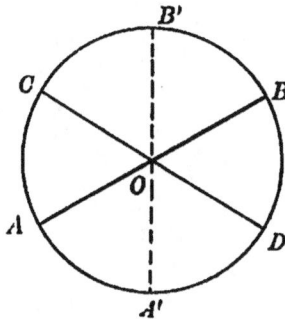

Fig 9.

« Chaque évolution mentale aboutit à l'affirmation de la Vérité. »

La Vérité est la loi de l'absolu, reconnue, autrement dire : La Vérité est la loi de l'absolu régissant les facultés intellectuelles intellectuellement.

Soit un cercle C (fig. 10) : menons des rayons opposés à eux-mêmes. Du point C, élevons une ligne perpendiculaire en 1

sommet, et joignons par d'autres lignes ce point à ceux ter-
minant les rayons de la circonférence, soit A B C D E F G H.

Le point I n'est pas indépendant du cercle et le cercle n'est
pas indépendant du point I.

Du point I, en abaissant une perpendiculaire à la base et
perpendiculairement, nous agissons par le procédé conforme et
exact de la formation du point I; cette perpendiculaire passera
par le centre de la circonférence en E; donc, le point I est

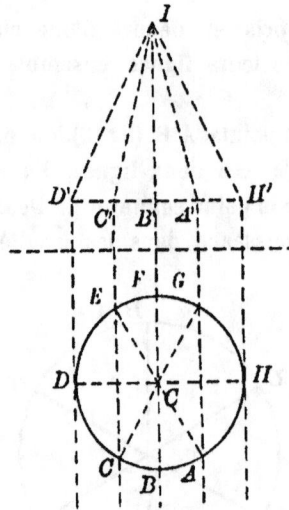

Fig 10.

dépendant du cercle, et, de plus, c'est par ce point que les
côtés A B C D E F G H ont pu être construits. Nous savons
qu'il est impossible de prendre un point sur une circonférence
qui soit indépendant de son centre.

Conclusion : La Vérité est la loi de l'absolu reconnue.

« L'évolution mentale aboutit à l'affirmation de la Vérité. »

La Vérité étant acquise, voyons la synthèse d'évolution.

Les lignes menées de A en A', I en B', C en C', etc., sont
les lignes *actionnistes* par la formation d'un hexagone qu'elles

engendrent. Si nous réuuissons A' en I, B' en I, C' en I, etc.,
nous aurons une pyramide hexagonale formée par l'*actionnisme*
de A B C D, etc. Dès lors, cette pyramide aura des lois d'absolu
qui vont la régir. Cet absolu n'est donc que le résultat de la
formation de la pyramide nouvellement érigée par l'évolution
du centre du cercle C. Nous reconnaissons donc que c'est par
le point C que dépend la pyramide construite et que, par
conséquent, cette pyramide dérive du point I. Donc, chaque
évolution aboutit à l'affirmation de la Vérité.

Nous venons de voir ce que le centre d'un cercle, par son
évolution, pouvait former, en étant toujours et en restant toujours dans sa propre existence.

Nous pouvons définir également l'évolution mentale ou
deuxième état, le premier état étant et restant par la fiction
de l'action.

RÉSUMÉ DU DEUXIÈME CHAPITRE

Dans les précédents exposés (chapitre deuxième), nous nous
sommes tenu à l'explication du premier état intellectuel se
bornant à l'action déterminée par la sensation soit interne soit
externe. Nous résumerons cet état en le dénommant État Simple.

Le second que nous allons étudier sera l'état complexe et
ses volitions en exposant ses conséquences.

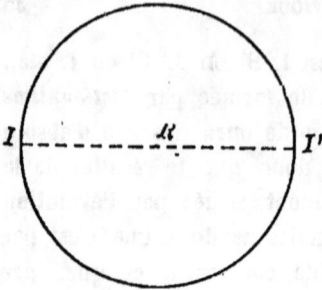

Premier état (Neutre).
Fig. 11

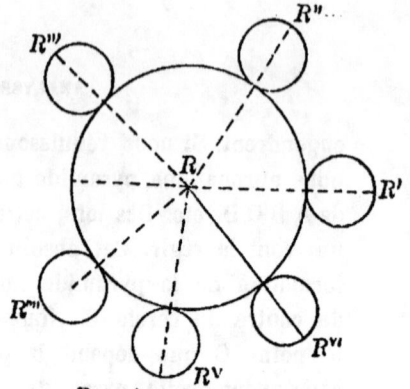

Deuxième état (Positif).
Fig. 12

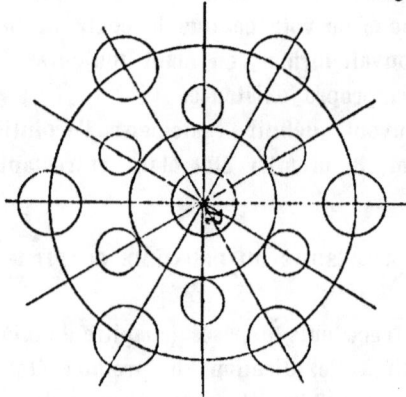

Troisième état (Négatif).
Fig. 13

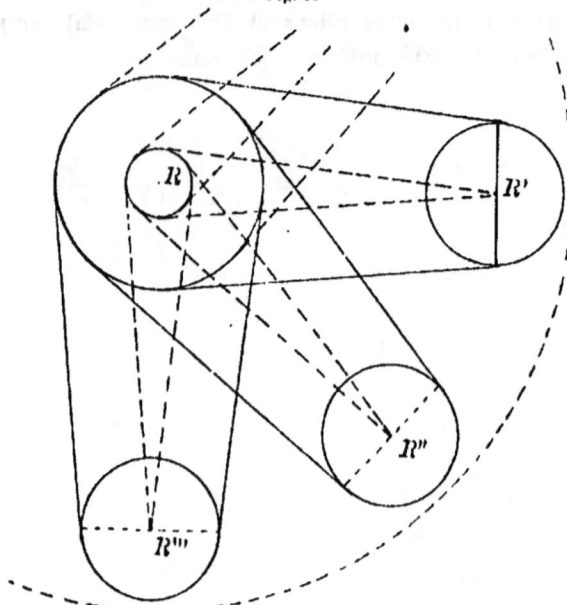

Quatrième état (Neutre, Positif et Négatif). (Principe).
Fig. 14

CHAPITRE III

Conséquences

« L'évolution est une intégration de matière accompagnée d'une dissipation de mouvement pendant laquelle la nature passe d'une homogénéité indéfinie, incohérente, à une hétérogénéité définie, cohérente, et pendant laquelle aussi le mouvement retenu subit une transformation analogue. » (H. Spencer.)

Mais, ceci n'est qu'une action fictive de la matière. Son évolution consiste alors qu'elle est passée dans une « hétérogénéité définie cohérente, » à devenir principe. L'évolution est à notre sens, la connexion de l'attribut positif à la connexion de l'attribut négatif engendrant l'action, combinaison d'une homogénéité indéfinie et d'une hétérogénéité définie. La perte du mouvement nécessitée par cette action se reconstitue et passera dans cette nouvelle action et servira, se transformant à la marche de l'action vers l'évolution. Cette évolution vers la constitution du principe quel qu'il soit.

Par conséquent, l'attribut positif de l'Esprit doit être nécessairement complété par l'attribut négatif de l'Esprit pour qu'il y ait une évolution.

Si nous admettons en psychologie des volitions périmétriques basées sur un point culminant du système spirituel, nous admettrons également que ces volitions ne sont que des phases d'évolutions également périmétriques.

L'Esprit, dans sa constitution première n'est pourvu que d'un certain nombre de systèmes équivalents. Dans sa transformation, ces systèmes, tout en conservant leur état premier, se forment suivant la marche spirituelle. La volonté est à son origine ce qu'elle devient par l'empirisme des volitions, toujours le produit quantitatif de la matière ou de la force qu'elle accom- pagne; elle n'augmente jamais sa persistance, elle suit une cause en conduisant un effet.

Dans tous les théorèmes que nous pourrions exposer sur le principe volontaire, nous ne pourrions jamais l'augmenter ni le réduire sans augmenter ou réduire le principe qui s'y rattache, autant au point de vue physiologique, biologique, psychologique ou sociologique, ceci pour l'individu; quant à la masse cosmologique, cet exposé est identique, de même que pour les attributs divers que le monde compose. En un mot, elle est arbitraire suivant le transformisme, positive et négative, suivant le principe, et principe suivant l'exposition. La volonté est un principe, qui augmente ou diminue, suivant les lois qu'elle accompagne; donc, elle est infinie ou indéterminable.

B. de Spinoza a dit « La volonté et l'entendement ne sont » rien en dehors des volitions et des idées particulières elles- » mêmes. »

Les divers états ne dépendent pas d'une cause; ils existent par un principe; ce principe est toujours adéquat et principal de la cause qui engendre l'effet. La Volonté dans l'état complexe est égal en valeur à la Volonté dans l'état simple.

La raison n'est pas dépendante; elle n'est ni quantitative ni rationnelle; elle est commune au principe, elle ne s'étend pas plus qu'elle ne diminue sa force; elle suit le principe qui la dirige en étant son arbitre.

La Conscience est illimitée. Le cercle qui la figure s'élargit à l'infini en soumettant les lois qui le déterminent suivant l'état qui l'opprime.

De ce figuré, nous pouvons défluir :

1º Que les circum-locutions du principe universel sont iden- tiques aux volitions intellectuelles par leurs inductions, qui sont identiques.

2º Que l'évolution de ce principe est soumise aux mêmes lois

et participe au même résultat que les volitions psychologiques
par leur procédé commun.

3° Que les divers états ont une marche empirique commune
et leurs phases évolutionnistes semblables, puisque le rapport
est équivalent.

4° Que l'expression de la synthèse cosmique est égale à l'expression de la synthèse psychologique.

PRÆ-IDEA ANTE-IDEA : IDEA

PRINCIPES DE L'IDÉE

L'évolution mentale n'est que spéculative.

Le déplacement d'un corps fait l'augmentation de l'espace qui le détermine.

De même les volitions intellectuelles évoluent les unes au dépourvu des autres, et réciproquement.

Si nous acceptons ce corollaire, il s'ensuit qu'à chacune de ces volitions nous accordons le même procédé de synthèse pour les unes comme pour les autres.

D'autre part, nous savons qu'une Idée, avant qu'elle ne soit dénommée telle, exige une synthèse, en un mot qu'elle est divisible et que, par le rapprochement et la coexistence de ses attributs, elle s'affirme nettement.

« Ce que nous voulons définir, c'est que l'idée peut exister, » encore qu'il n'y ait aucun mode de penser. » (Spinoza [1]; mais il importe de l'exprimer — comme l'a fait Leibnitz — en disant que « tout l'Univers rayonne sur la monade selon le » côté auquel elle lui est exposée. Une monade est le monde » en raccourci; c'est le miroir de toute la nature; c'est une » simplicité féconde; c'est une universalité immense par la » multitude de ses modifications; c'est, enfin, un centre qui » exprime une circonférence infinie »; et Victor Cousin, dans l'exposé d'une dissertation sur ce philosophe :

« Rappelez-vous les principes du système leibnitzien. Chaque » monade éprouve l'action de l'Univers; l'Univers se peint » dans ses perceptions; ses perceptions sont essentiellement

(1) B. de Spinoza, Éthique, 2ᵉ partie. Hachette et Cⁱᵉ. 1883.

» représentatives; donc une seule monade réfléchit l'Univers;
» donc la monade humaine conçoit l'Univers, mais confusé-
» ment; elle le conçoit, dit Leibnitz, comme un homme qui
» entend de loin le bruit de la mer. » Voilà, croyons-nous,
assez clairement exprimer le motif de notre affirmation. Si
nous revenons maintenant au graphique de cette expression
(fig. 14), la Monade de Leibnitz se trouve par nous dénommée
« Præ-Idea » (1) et qu'elle n'est, dirons-nous, que quantitative
et abstraite. Dans le premier chapitre nous avons exposé que :
« Toutes les idées n'étaient pas accessibles à la Raison non plus
» qu'à la conscience. » Le mot « idée » doit perdre ici son
véritable nom pour prendre celui de prémisse qui, plus tard,
logifiera cette expression symbolique. En effet si nous voulons
tirer d'une prémisse la sensation externe, nous remarquerons
qu'elle restera à l'état simple de processus cardiaque; en un
mot, la præ-idea ne tire son induction directe que de la sensibilité externe ou cosmique et non de la sensation interne ou
physiologique qui pourtant, sous le rapport de l'ante-idea, se
confondent *a priori.*

L'ante-idea est le résultat de la sensibilité externe par son
rapport avec la sensation interne.

L'action cosmique produisant une sensation inscrite dans
l'organe par la præ-idea, celle-ci se trouve en rapport avec
l'expression interne dérivant de cette sensation.

Si nous prenons la marche de la prémisse d'idée pour arriver à son affirmation, nous remarquons qu'à son approche de
la conscience elle n'est plus force extérieure, mais influence
seulement, et que, par son action, elle produit la præ-idea,
l'ante-idea, puis l'idée. Nous pourrions étendre plus longuement

---

(1) Si nous substituons le terme de monade, c'est que, croyons-nous, ce néolo-
gisme affirme nettement et sans confusion l'expression à laquelle il appartient. La
pensée de Leibnitz, comprise pour le principe physiologique, par exemple, est
parfaitement logique et dissertable, de même que pour la chimie. C'est pourquoi,
désireux de laisser au domaine métaphysique sa propre expression, avons-nous
été forcé de déterminer par præ-idea la première circum-locution apparente de
l'Idée.

cette dissertation en disant que la prae-idea, l'ante-idea et l'idea ou idée, ont cha une à chacune des rapports directs, des dérivés communs et des inductions semblables et que par leur réunion ne forment plus qu'un seul et même nominatif : « l'idée ».

Il s'agit, maintenant que nous avons défini ces participes, d'en faire le rapprochement géométrique puisque c'est par ce procédé qu'elles s'inscrivent dans nos facultés.

Pour aborder ce problème général, il convient de le prendre comme il nous est présenté, à savoir par le fait direct d'une influence cosmique.

Autant que la Conscience, la Raison n'est exprimée qu'au premier état (fig. 11) ou neutre, parce qu'aucune idée n'y est exprimée. S'il se produit alors une influence externe telle que nous l'avons dénommée, il se produit sur la conscience et par tangibilité une expression positive (la præ-idea) qui, par le fait même de son induction géométrique, lui est rotative. La Conscience, à cet état, tourne sur son centre, — autrement dit sur elle-même; tous les cercles se meuvent par rotation (2e état, fig. 12).

Lors de la rencontre de la præ-idea et de l'ante-idea, l'expression se trouve négative et, suivant toujours cette rotation, ayant le point R pour pivot (3e état, fig. 13), il se forme alors dans les facultés un 4e état neutre positif et négatif qui est le principe de l'Idée qui, au 1er état, prenant naissance en R, se trouve réfléchie en R''' (1) par le passage de ses différents états et que l'action est le résultat.

Le principe de graduation de ces transformations successives est égal à la graduation de la volonté, qui accompagne ces transformations.

Nous arrivons à exprimer également, pour la Volonté, différents états qui lui sont propres, dirons-nous. En effet, à l'expression fictive, de la præ-idea à l'Idée, la Volonté n'est qu'interne; elle n'est produite que par l'influence interne seule; elle est sans force et n'accompagne la præ-idea et l'ante-idea

(1) Voyez le mode de réflexion (fig. 7).

que juste pour l'expression mentale de ces deux volitions successives, et, quand ces volitions se substituent à l'idée, seulement commence le propre rôle de la Volonté, qui est celui consistant au commandement des facultés, et de conducteur vers l'expression. Le fait de cette transformation est une des sortes de la doctrine empiriste. D'ailleurs, si nous procédons par le même système pour le cas de pathologie mentale, nous pouvons admettre que la sensation externe ou cosmique, ailleurs précitée, peut avoir, suivant ses expressions sur l'organe qui la reçoit, des transformations différentes par leurs natures, mais réciproques par leur procédé. La Folie, en tant que pathologie mentale, trouve là son propre rapport avec — non l'excès — mais l'expression dépourvue de tout sens commun.

Circumpsychose

Axiome

La circumpsychose est l'état, ou l'agglomération des principes illimités, s'inscrivant dans un organe, dont la pensée n'est que l'expression définie.

Tous les êtres naissent avec la circumpsychose que l'hérédité et l'oppression de méthodes successives écartent peu à peu en suivant son évolution.

L'animal et la matière involontaires gardent perpétuellement ce symbole d'inscription universelle.

L'homme dont l'intelligence diffère de celle exprimée par le sens commun exprime la circumpsychose, mais en cela il est réfractaire à une hérédité et à des coutumes méthodiques que jusqu'à la réflexion et l'action dont son premier état se tire, il a pu dériver.

Corollaire

Premier cas. — Un être commun, sans préjugés, d'hérédité indirecte — en cela, nous voulons dire sans souche de parenté —

dont l'expression mentale était puissamment développée, par conséquent un être créé pour l'exploitation du libre arbitre, ce qui
signifie *à priori* inconscient, — s'il conduit sa vie hypothétique
sous ce même consulat, nous remarquons un circumpsychique
incapable de bien ni de mal, *jugeant toutes les choses sous la même*
monade, et dont l'expression de toutes choses ou faits ne peuvent
ni augmenter ni diminuer son état, dont sa conscience est le
mobile.

Deuxième cas. — Un être dont l'hérédité s'est inscrite pour
une certaine fiction, en cela, nous voulons dire s'il a hérité des
expressions de sa souche paternelle et que, par ses actions, il
ne puisse s'y conformer, si, en un mot, son intelligence rebelle
aux commandements de son organisme, nous remarquons un
circumpsychique.

Troisième cas. — Un être vivant, totalement dépourvu du
sens commun par suite de la subordination de l'empirisme
mental (premier cas) à l'empirisme organique, nous démontre
un circumpsychique.

Démonstration

Le fait de circumpsychose est le résultat de la Métaphysique; c'est l'inscription apparente de ce principe qui se
démontre mathématiquement.

Dans le premier cas, nous avons un être où la métaphysique est inscrite sous tous ses rapports. Un seul manque à
l'expression individuelle : c'est le relatif *Maximum Verbum*. Si
de la folie simple nous approchons ce cas, nous y voyons ce
relatif apparent. L'homme naît circumpsychique. La circumpsychose est individuelle, mentale et métaphysique. La pathologie
spirituelle complexe n'est qu'organique, héréditaire et concrète.

Postulats

Premier cas. — L'inconscience est le relatif du manque de

Volonté, d'Idée, de Raison seules, ayant 0 pour valeur concrète pour ce premier cas nous dirons :

$$\underset{\text{Volonté}}{\frac{0}{2}} + \underset{\text{Idée}}{\frac{0}{2}} + \underset{\text{Raison}}{\frac{0}{2}} \frac{0^3}{2} = \text{ou } 0\ 0,5 - 0 = 0,5$$

postulat symbolique de l'inconscience.

Deuxième cas. — L'effort inconscient est le relatif de l'effort de volonté, supérieure à la fiction de l'Idée contre la raison, ou

$$0^2 + \frac{0}{2} - 0 = 0C \text{ ou } 00 + \frac{0}{2} - 0 = 0C + C - 0 = 0 \text{ ou } 0^6$$

de la valeur inconsciente du premier cas puisque la conscience au figuré $0^3/2$.

Deuxième cas. — Le manque total de volonté, d'idée, de raison et, par suite, de conscience, est égal à la circumpsychose ou

$$0' - 0' - 0' = \frac{0'}{3} - \frac{0^3}{2} = A$$

ou absurdité évidente par rapport au premier et deuxième cas, puisque $\frac{0^3}{2}$ est $> \frac{0}{3}$.

Scholie

Si, pour ces trois cas, nous prenons leurs reliquats symboliques, nous avons :

　　　Premier cas : 0,5 = Inconscience.
　　　Deuxième cas : 0⁵ = Effort inconscient.
　　　Troisième cas : A = Circumpsychose.

La circumpsychose n'ayant pas de déduction mathématique sur des symboles relatifs et quantitatifs basés sur l'expression de conscience et de ses dérivés; la circumpsychose n'ayant pas de relatifs avec les effets de logique; la circumpsychose est : l'État où l'agglomération des principes illimités s'inscrivent.

C. Q. F. D.

Géométriquement, nous pouvons démontrer la circumpsychose par ce théorème qui nous ramène aux premiers principes sur les lois du cercle et de la conscience (chap. 1er).

Si la circumpsychose est égale à A, A est égal à la valeur d'un symbole géométrique ; donc A est égal à une forme géométrique par rapport à A. Donc A = A. Sa synthèse lui est propre par parallélisme, ce qui nous ramène à dire que la circumpsychose est individuelle, métaphysique et abstraite.

———————————

SYNTHÈSE GÉNÉRIQUE DE L'IDÉE (1)

Sensation { externe ou cosmique / interne ou organique }

- Conscience méta-positive
  - Constat ou P
    - Mémoire P
      - Prémisse d'idée N
      - Prémisse de sensation P — **Conscience concrète et abstraite**
        - Volonté abstraite (2)
        - Réflexion négative et abstraite
        - Processus — *Raison positive (6)*
          - Idée positive négative — Volonté concrète (3) — Métaphysique universelle et mentale
          - Idée concrète puis négative — Mouvement
          - Action positif puis négatif concret et abstrait — Principe positif puis négatif concret et abstrait
    - Sensation P
      - Prémisse de sensation N
      - Prémisse d'idée P — **Conscience concrète et abstraite**
        - Volonté concrète
        - Réflexion concrète positive et — Ante idea / pra idea — *Raison négative*
          - Idée négative positive et concrète — Volonté abstraite — Mouvement
          - Idée positive puis abstraite — Action positive puis concrète — Principe positif puis concret

- Conscience méta-négative { Mémoire N / Hyperconstat ou N }
  - Mémoire N
    - Prémisse d'idée P
    - Prémisse de sensation N — **Conscience concrète et abstraite**
      - Volonté concrète et abstraite
      - Nouméno — *Raison positive puis abstraite*
  - Sensation N
    - Prémisse d'idée N
    - Prémisse d'idée P
      - Idée fausse — Volonté concrète puis abstraite — Mouvement
      - Idée sensitive — Action négative puis abstraite — Principe abstrait et pathogénique
      - *Raison positive puis négative*

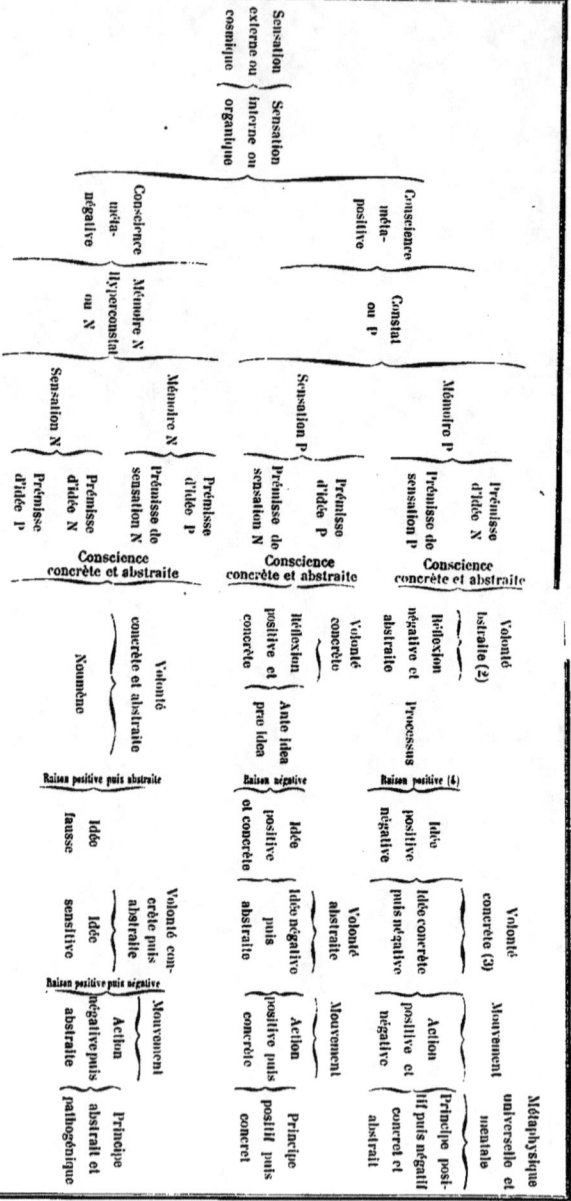

(1) Ce tableau est la représentation générique de l'idée. Notamment pour-
niques les Inductions ont été ainsi proposées comme solutions de problèmes établis.

Les qualifications de Volonté abstraite (2), Volonté concrète (3), Raison posi-
sition des problèmes autant que pour leur induction.

les principes d'idées concrets et abstraits positifs et concrets abstraits pathogé-
tive (4) n'ont été apposées que comme quotients administratifs pour la juxtapo-

CONCLUSIONS

Un corps s'explique par le calcul de
son produit, mais ne se démontre
pas.
                                    H. F. S.

Tous les philosophes ont eu et ont des systèmes de logique, qu'ils soient subjectifs ou objectifs, concrets ou abstraits, positifs ou négatifs; ces systèmes, dans leur plus grande contradiction, s'affirment logiques, la logique n'étant que la réalisation intégrale d'un système par le développement descriptif de la coordination des expositions.

La Logique est une création de l'Esprit, et l'Esprit n'est que l'affirmation de la Logique. L'esprit devra donc rechercher à se parfaire pour être logique. Sa conception intégrale dans la Logique le fera absolu. L'absolu est donc symétrique à la Logique.

La représentation absolue d'un corps est ce corps.

La représentation absolue d'un Esprit est cet esprit.

L'Absolu n'a qu'en lui-même sa propre réflexion.

L'esprit humain, étant un absolu, ne peut être interrogé que par les problèmes qu'il propose. Chercher la logique de l'Absolu, c'est lui vouloir une origine.

L'esprit est une origine qui ne se démontre pas, mais qui s'explique par l'Absolu.

La Géométrie en est la réflexion commune.

TABLE DES MATIÈRES

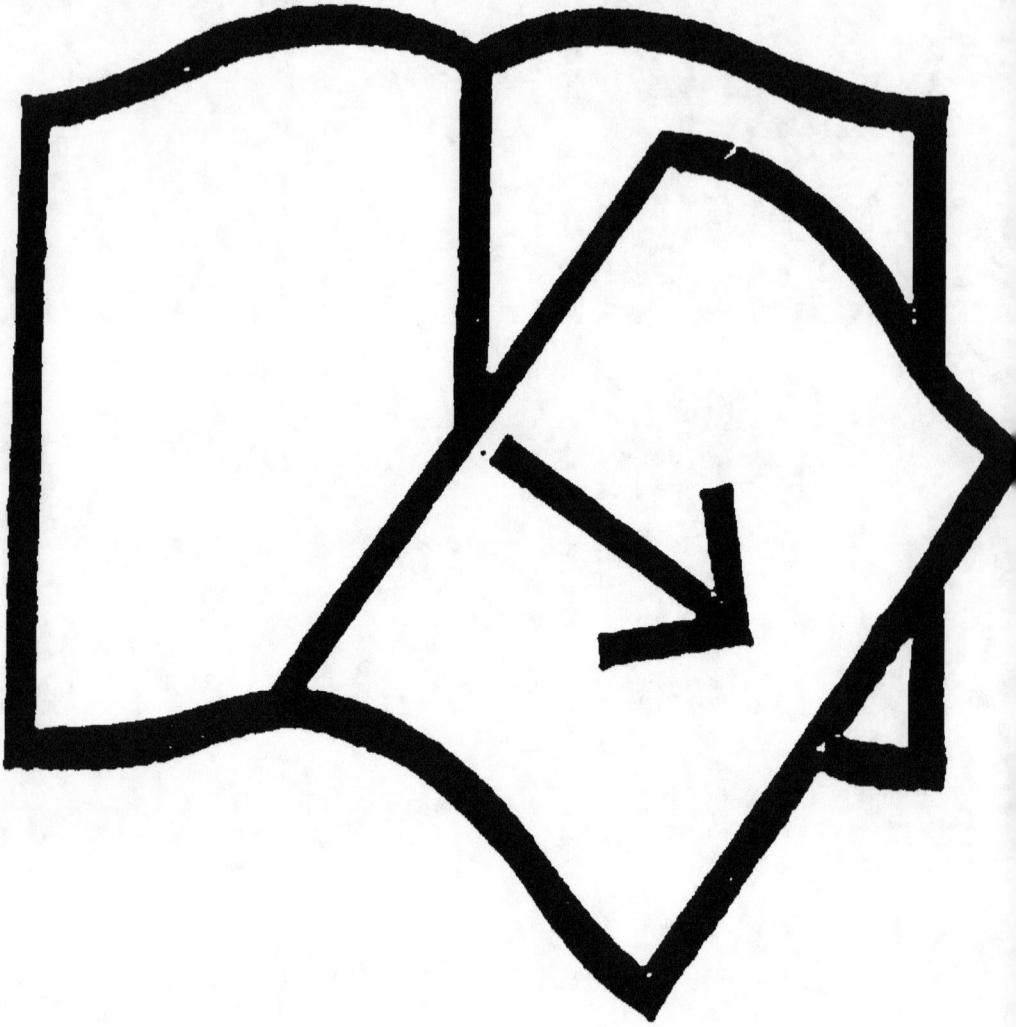

Documents manquants (pages, cahiers...)
NF Z 43-120-13

www.ingramcontent.com/pod-product-compliance
Lightning Source LLC
LaVergne TN
LVHW022147080426
835511LV00008B/1302